Buscar e Salvar

Encerrando um diálogo com um coletor de impostos, Jesus afirmou o seguinte: "*Porque o Filho do homem veio buscar e salvar o perdido.*" (Lc 19.10.)

Em outra ocasião, em conversa com um líder religioso, ele disse: "*Porquanto Deus enviou o seu Filho ao mundo, não para que julgasse o mundo, mas para que o mundo fosse salvo por ele.*" (Jo 3.17.)

De outra feita, perante uma multidão, ele fez a seguinte declaração: "*... porque eu não vim para julgar o mundo, e sim para salvá-lo.*" (Jo 12.47.)

E o apóstolo Paulo escreveu: "*Fiel é a palavra e digna de toda aceitação: que Cristo Jesus veio ao mundo para salvar os pecadores, dos quais eu sou o principal.*" (1 Tm 1.15.)

Qual foi a principal missão de Jesus neste mundo? Ele veio salvar a humanidade do pecado e de suas seqüências. Veio trazer salvação a você e a mim. Além disso, veio salvar-nos de tal maneira que podemos, devemos e iremos saber que estamos salvos.

"Hoje, houve salvação nesta casa."

Jesus se encontrava na cidade de Jericó, em casa de Zaqueu, um rico coletor de impostos que, segundo se suspeitava, extorquia dinheiro do povo.

Zaqueu ouvira falar a respeito de Jesus e tivera o desejo de conhecê-lo,
nho através da multid
ra fosse de pequena e
cebendo que o Mest

correu à frente e subiu a um sicômoro. O resultado foi ainda melhor do que ele imaginara. Quando Jesus chegou à árvore, viu Zaqueu e disse:

"Hoje quero ficar em sua casa."

Imediatamente Zaqueu desceu e levou Jesus para almoçar em sua companhia. Como era de se esperar, algumas pessoas se puseram a murmurar:

"Que é que ele foi fazer na casa desse pecador?"

Mas se elas se admiraram ao ver Jesus ir almoçar com Zaqueu, mais estupefatas ficaram quando o coletor se levantou e disse:

"Senhor! Hoje resolvo dar metade dos meus bens para os pobres e, se defraudei alguém em qualquer coisa, devolverei quadruplicado."

E Jesus tinha um objetivo definido para aquele encontro. Embora dirigisse sua mensagem a todos os homens, resolveu dar destaque especial àquele desprezado cobrador de impostos para nos ensinar que se interessa pelos perdidos, pelos que se acham espiritualmente necessitados. Queria mostrar-nos que os conhece pelo nome, sabe onde estão e os chama à salvação.

A visita de Jesus produziu excelentes resultados em Zaqueu que, arrependido de seus pecados, creu e passou por uma transformação radical. Decidiu reparar seus erros e agir corretamente a partir de então. Estava salvo!

Jesus sentiu que Zaqueu fora sincero e resolveu dar um testemunho público, para dissipar qualquer dúvida que pudesse restar em seu coração ou no povo que se reunira ali: *"Hoje, houve salvação nesta casa..."*. Em seguida, aproveitando-se da situação, fez uma declaração acerca de sua missão: *"Porque o Filho do homem veio buscar e salvar o perdido."* (Lc 19.9,10.)

Voltemos à afirmação de Jesus: *"Hoje, houve sal-*

vação nesta casa". Não foi apenas a Zaqueu que ele dirigiu esse tipo de comentário.

Existem várias passagens bíblicas que revelam que Jesus agia sempre dessa maneira.

1. Encontrava uma pessoa com algum problema;
2. Entrava em sua vida;
3. Salvava-a de seus pecados;
4. Fazia uma afirmação clara, assegurando-lhe que ela estava salva.

Vejamos alguns exemplos:

"Homem, estão perdoados os teus pecados."

Quatro homens tinham um amigo que se encontrava paralítico. Sabendo que Jesus se achava em certa casa da cidade, pregando a Palavra e curando os doentes, tentaram levar o enfermo até lá. Contudo o local estava tão cheio que não conseguiram entrar. Prontamente, então, subiram ao telhado, retiraram algumas telhas e abaixaram o amigo até o chão, bem diante de Jesus.

Qual foi a reação de Jesus? Como todos os presentes, ele podia ver que aquele homem precisava ser curado, mas percebia, além disso, duas coisas que a multidão não enxergava: a fé e o pecado daquele homem. E as Escrituras dizem o seguinte:

"*Vendo-lhes a fé, Jesus disse ao paralítico: Homem, estão perdoados os teus pecados. E os escribas e fariseus arrazoavam, dizendo: Quem é este que diz blasfêmias? Quem pode perdoar pecados, senão Deus? Jesus, porém, conhecendo-lhes os pensamentos, disse-lhes: Que arrazoais em vosso coração? Qual é mais fácil, dizer: Estão perdoados os teus pecados ou: Le-*

vanta-te e anda? Mas, para que saibais que o Filho do homem tem sobre a terra autoridade para perdoar pecados – disse ao paralítico: Eu te ordeno: Levanta-te, toma o teu leito e vai para casa. Imediatamente, se levantou diante deles e, tomando o leito em que permanecera deitado, voltou para casa, glorificando a Deus." (Lc 5.20-25.)

Quando aquele homem se ergueu, sabia que fora curado e que seus pecados tinham sido perdoados. Como sucedera a Zaqueu, tinha absoluta certeza desse fato.

"Nem eu tampouco te condeno."

Jesus encontrava-se no templo ensinando a uma multidão que ali acorrera para ouvi-lo. De repente, um grupo de líderes religiosos chegou ruidosamente ao local, arrastando consigo uma mulher atormentada.

"Disseram a Jesus: Mestre, esta mulher foi apanhada em flagrante adultério. E na lei nos mandou Moisés que tais mulheres sejam apedrejadas; tu, pois, que dizes?... Jesus se levantou e lhes disse: Aquele que dentre vós estiver sem pecado seja o primeiro que lhe atire pedra... Mas, ouvindo eles esta resposta e acusados pela própria consciência, foram-se retirando um por um, a começar pelos mais velhos até aos últimos, ficando só Jesus e a mulher no meio onde estava. Erguendo-se Jesus e não vendo a ninguém mais além da mulher, perguntou-lhe: Mulher, onde estão aqueles teus acusadores? Ninguém te condenou? Respondeu ela: Ninguém, Senhor! Então, lhe disse Jesus: Nem eu tampouco te condeno; vai e não peques mais." (Jo 8.4-11.)

Que alívio a mulher deve ter sentido ao ouvir estas

palavras: "Nem eu tampouco te condeno". E elas têm um significado mais amplo do que pode parecer a princípio, principalmente se levarmos em conta o que Jesus certa vez afirmou: "... *o que não crê **já está julgado**, porquanto não crê no nome do unigênito Filho de Deus.*" (Jo 3.18.)

A mulher fora condenada pela lei de Deus, pelas tradições humanas e pelos líderes religiosos. Mas qual foi a atitude de Jesus? Ele não aprovou o pecado dela, mas perdoou-o. Em seguida revelou-lhe que lhe perdoara e com isso libertou-a da condenação e do complexo de inferioridade. Ela reconheceu que fora purificada, pois ele a perdoara. A consciência de sua nova condição diante de Deus infundiu-lhe as forças de que precisava para mudar de vida e que até então não conseguira.

"A tua fé te salvou; vai-te em paz."

Como a mulher que fora levada ao templo, essa outra também tinha um passado duvidoso, mas foi igualmente transformada por Jesus. Cheia de gratidão, ela prestou ao Senhor uma adoração exuberante. Vejamos o que diz o texto bíblico.

"*E eis que uma mulher da cidade, pecadora, sabendo que ele estava à mesa na casa do fariseu, levou um vaso de alabastro com ungüento; e, estando por detrás, aos seus pés, chorando, regava-os com suas lágrimas e os enxugava com os próprios cabelos; e beijava-lhe os pés e os ungia com o ungüento.*" (Lc 7.37,38.)

Que extraordinária adoração! Iniciando-se um murmúrio a respeito dela, Jesus encerrou-o dizendo:

"... *Perdoados são os teus pecados.*" (Lc 7.48.) Os que estavam com ele à mesa comentaram entre si: "*Quem é este que até perdoa pecados? Mas Jesus disse à mulher: A tua fé te salvou; vai-te em paz.*" Como acontecera a todos os que tinham tido um encontro pessoal com Jesus, ela também obteve a certeza de que seus pecados haviam sido perdoados e que nunca mais seria a mesma.

"Hoje estarás comigo no paraíso."

Estando Jesus no Calvário, ladeado por dois criminosos também crucificados, houve entre eles um diálogo no mínimo inusitado:

"*Um dos malfeitores crucificados blasfemava contra ele, dizendo: Não és tu o Cristo? Salva-te a ti mesmo e a nós também. Respondendo-lhe, porém, o outro, repreendeu-o, dizendo: Nem ao menos temes a Deus, estando sob igual sentença? Nós, na verdade, com justiça, porque recebemos o castigo que os nossos atos merecem; mas este nenhum mal fez. E acrescentou: Jesus, lembra-te de mim quando vieres no teu reino. Jesus lhe respondeu: Em verdade te digo que hoje estarás comigo no paraíso.*" (Lc 23.39-43.)

Enquanto um dos ladrões endureceu o coração, o outro confessou seus erros e suplicou a misericórdia divina. Jesus perdoou-lhe os pecados e deu-lhe plena certeza da salvação, dizendo: "... *hoje estarás comigo no paraíso*". Embora esse ladrão crucificado soubesse que iria perder a vida, naquele instante soube também que iria morar no céu.

Através dos séculos, esse episódio tem ensinado que podemos ter esperança de salvação até no último instante da vida. Mesmo nesse caso, podemos ter certeza de que somos salvos.

Nos encontros com essas cinco pessoas, Jesus assegurou-lhes a salvação. Também nós podemos e devemos saber que estamos salvos e, se o quisermos, saberemos.

A Certeza da Salvação

A questão mais importante com que nos deparamos nesta vida é a da salvação de nossa alma. E como recebemos a salvação num ato de fé, não pode haver aí nenhuma dúvida. Por isso Deus nos dá os testemunhos mais confiáveis possíveis. São três os meios pelos quais podemos ter certeza de que estamos salvos:
1. o testemunho da sua Palavra;
2. o testemunho do Espírito Santo;
3. o testemunho de uma vida transformada.

O testemunho da Palavra de Deus

Assim como Jesus disse palavras de confirmação àqueles a quem salvou, quando estava na terra, também hoje ele nos dá essa mesma segurança por meio da Bíblia. Ele nos oferece a salvação e promete salvar-nos. Tão logo atendemos ao seu chamado, podemos ficar certos de que ele cumpriu o que prometeu. Sua palavra nos inspira e nos impulsiona.

Vejamos, então, quais são as condições divinas para que sejamos salvos.

• ***Arrependermo-nos de nossos pecados***. Jesus pregava o seguinte: "... *arrependei-vos e crede no* *evangelho."* (Mc 1.15.) Arrepender é reconhecer que a maneira como temos vivido está errada e abandonar o procedimento egoísta e independente que nos leva a pecar. É também admitir que nosso comportamento magoou profundamente a Jesus e foi a causa de sua morte na cruz. Arrepender é ainda entregar o controle da nossa vida a Cristo, ao invés de tentar governá-la pessoalmente; passar a viver para agradá-lo em tudo, fazendo o que é certo em detrimento do que é errado.

Você já se arrependeu de todos os seus pecados? A Palavra de Deus promete: *"Se confessarmos os nossos pecados, ele é fiel e justo para nos perdoar os pecados e nos purificar de toda injustiça."* (1 Jo 1.9.) Se você já se arrependeu de seus pecados e os confessou, pode estar certo de que ele lhe perdoou. Pode ter certeza de que ele lhe perdoou totalmente.

• **Crer em Jesus**. *"... Crê no Senhor Jesus e serás salvo."* (At 16.31.) Crer em Jesus é ter fé nele para nossa salvação. É reconhecer que nós mesmos não podemos expiar nossos pecados e confiar na expiação efetuada por ele. Enfim, ter fé em Jesus Cristo é aceitá-lo, render-se e apegar-se a ele, crer nele, passar a depender dele e entregar-se inteira e confiadamente a ele crendo que ele nos salva.

Você já creu em Jesus para ser salvo? Como sua Palavra é verdadeira, você pode crer que "será salvo", como ele prometeu.

• **Receber a Cristo em nosso coração**. Jesus deseja salvar-nos, mas nós também precisamos dar um passo em sua direção, pedindo-lhe que entre em nosso coração. *"Mas, a todos quantos o receberam, deu-lhes o poder de serem feitos filhos de Deus, a saber, aos que crêem no seu nome..."* (Jo 1.12.) A Bíblia revela que Cristo se acha à porta de nosso coração, dizendo-nos: *"Eis que estou à porta e bato; se alguém ouvir a minha* *voz e abrir a porta, entrarei em sua casa e cearei com ele, e ele, comigo."* (Ap 3.20.)

Você já convidou Jesus para entrar em sua vida e assumir o controle de tudo? Se ele afirmou que quer fazer isso, será que não o fará? Claro que o fará.

• **Confessar publicamente que Jesus é nosso Senhor**. Ao tornar público que nos arrependemos de nossos pecados e que cremos em Cristo, oficializamos nosso propósito de segui-lo para sempre. *"Se, com a tua boca, confessares Jesus como Senhor e, em teu coração, creres que Deus o ressuscitou dentre os mortos, serás salvo."* (Rm 10.9.)

Você já falou aos seus amigos da experiência que teve com Cristo? Tem demonstrado, por meio de uma vida transformada e de um testemunho verbal, o que ele significa para você? O que ele lhe promete, caso faça isso? "Serás salvo."

Você já fez sua parte?

A salvação vem de Deus, mas temos de fazer a nossa parte. Como não existe a menor dúvida de que o Senhor faz o que lhe concerne, a questão é: será que nós cumprimos o que nos compete? Se nos arrependermos de nossos pecados, ele nos perdoará. Se crermos no evangelho, ele nos salvará. Se o recebermos como Senhor e Salvador, ele entrará em nossa vida. Se confessarmos Jesus diante dos homens, ele nos confessará diante do Pai.

O apóstolo João escreveu uma carta – que se encontra no Novo Testamento – tendo em mente um objetivo definido. Diz ele: *"Estas cousas vos escrevi, a fim de saberdes que tendes a vida eterna..."* (1 Jo 5.13.)

Vemos, portanto, que a Palavra de Deus nos dá plena certeza de nossa salvação. Esse é o primeiro testemunho. Vejamos outro.

O testemunho do Espírito Santo

Quando Jesus foi batizado, o Espírito Santo desceu sobre ele em forma de pomba, e ouviu-se a voz do Pai, dizendo: "... *Este é o meu Filho amado, em quem me comprazo.*" (Mt 3.17.) E hoje também Jesus envia o Espírito a nós – ainda que de forma menos prodigiosa – para assegurar-nos que já nos tornamos filhos de Deus.

O mandamento mais citado na Bíblia é *"Não temais"*. E o apóstolo Paulo escreveu o seguinte: *"Porque não recebestes o espírito de escravidão, para viverdes, outra vez, atemorizados, mas recebestes o espírito de adoção, baseados no qual clamamos: Aba, Pai. O próprio Espírito testifica com o nosso espírito que somos filhos de Deus.*" (Rm 8.15,16.)

O Espírito de Deus vem até nós, com muita mansidão, e nos transmite a convicção interior de que pertencemos a ele e ele a nós. É bom observar, porém, que não se trata apenas de um "sentimento". Obviamente nossas emoções também se acham envolvidas no processo, mas ter certeza de salvação não é meramente "sentir" ou saber intelectualmente. Em essência, é uma conscientização interior profunda que nos é dada pelo Espírito Santo. A ilustração que narramos a seguir talvez esclareça isso melhor.

João Wesley era um jovem cristão inglês que, no início da colonização dos Estados Unidos, saiu de sua terra para levar o evangelho aos índios americanos. Contudo, como ele diria mais tarde, faltava-lhe algo.

"Infelizmente", disse ele, "eu próprio precisava converter-me."

Então, derrotado e quase destruído, regressou à Inglaterra. Certo dia ele se achava numa reunião com alguns cristãos e, em dado momento, alguém leu um comentário bíblico. Para seu espanto, naquele instante a certeza o invadiu.

"Meu coração encheu-se de um calor diferente", explicou ele. "Reconheci que havia crido."

A certeza da salvação nos dá paz e faz brotar em nós um grande amor por Jesus. É algo que afeta toda a nossa personalidade. Nossa mente, nossa vontade e nossos sentimentos acham-se devotados a Cristo.

O mais importante, porém, é que ela afeta nosso espírito. "*O próprio Espírito testifica com o nosso espírito que somos filhos de Deus.*" (Rm 8.16.) Uma parte do nosso ser, que até então desconhecíamos, passa a viver. Ganhamos vida espiritual e passamos a gozar de uma comunhão pessoal com Jesus. **Reconhecemos** que ele está conosco agora e nos interessamos em saber como ele verá nossos atos e atitudes. Não temos palavras para expressar essa experiência.

É importante observar que só Jesus pode dar-nos a certeza da salvação. E ninguém a pode tirar. O Senhor afirmou o seguinte: "*Deixo-vos a paz, a minha paz vos dou; não vo-la dou como a dá o mundo. Não se turbe o vosso coração, nem se atemorize.*" (Jo 14.27.)

Quando nos entregamos a Jesus, ocorrem fatos maravilhosos. Nossos pecados são perdoados. Agora temos uma nova vida e uma nova condição aos olhos de Deus. Somos filhos dele. Somos adotados na família de Deus. O Espírito habita em nosso coração. Jesus é nosso amigo. O testemunho do Espírito é genuíno, mas só o compreendemos perfeitamente depois que o recebemos. Você tem consciência de que o Espírito de Deus afirma em seu coração: "Sim, sou filho dele"? Isso é maravilhoso!

Contudo há ainda mais um testemunho.

O testemunho de uma vida transformada

Se buscamos a Cristo é porque reconhecemos que necessitamos de uma transformação de vida e que, por nós mesmos, não a conseguiremos. E tão logo ele entra em nosso coração, começa a operar mudanças. A Bíblia explica isso nos seguintes termos: *"E, assim, se alguém está em Cristo, é nova criatura; as cousas antigas já passaram; eis que se fizeram novas."* (2 Co 5.17.)

Há um antigo cântico que diz o seguinte:

Que mudança gloriosa em mim se operou,
Com Cristo no meu coração.
Tenho a paz que minh'alma ansiosa almejou,
Com Cristo no meu coração.

Há cristãos que mudam mais rapidamente que outros e, em alguns, as modificações são mais aparentes. Uns sofrem transformações profundas em sua conduta, enquanto outros modificam principalmente sua atitude. Entretanto, de uma forma ou de outra, todos devem *mudar*. Se alguém não experimentar nenhuma mudança, é sinal de que não está em Cristo. Não quero dizer com isso que nos tornamos perfeitos, mas diferentes.

Que transformações revelam que Cristo entrou em nossa vida? No livro de 1 João, encontramos várias.

*1. **Passamos a ter comunhão com Deus**. "Se, porém, andarmos na luz, como ele está na luz, mantemos comunhão uns com os outros, e o sangue de Jesus, seu Filho, nos purifica de todo pecado. Se dissermos que não temos pecado nenhum, a nós mesmos nos enganamos, e a verdade não está em nós."* (1 Jo 1.7,8.)

Como nossos pecados foram perdoados, não há mais barreiras entre nós e Deus. Então oramos, cantamos e louvamos ao Senhor. Também podemos abrir o coração para ele, como um amigo se abre com outro. Podemos ser totalmente sinceros e não precisamos esconder nada dele. Não enganamos nem a ele nem a nós mesmos. Sabemos que ele está conosco e nos regozijamos com esse fato.

2. **Temos prazer em obedecer a Deus**. "*Ora, sabemos que temos conhecido por isto: se guardamos os seus mandamentos.*" (1 Jo 2.3.) Pelo que Jesus diz, a prova de que o amamos não é o que sentimos por ele, mas o fato de lhe obedecermos. Assim que somos salvos, **queremos obedecer** ao Senhor, tencionamos obedecer, e sentimos prazer nisso. Seus mandamentos não nos são pesados, mas constituem uma fonte de orientação e satisfação para nós. Vejamos os Dez Mandamentos:

1. Não terás outros deuses além de mim.
2. Não farás ídolos, nem adorarás a eles.
3. Não tomarás o nome de Deus em vão.
4. Guardarás o dia do sábado.
5. Honrarás a teu pai e a tua mãe.
6. Não matarás.
7. Não adulterarás.
8. Não furtarás.
9. Não dirás falso testemunho contra teu próximo.
10. Não cobiçarás nada que pertença ao teu próximo.

É possível que antes esses mandamentos parecessem pesados, repressivos. Contudo assim que nascemos de novo, Deus nos capacita a obedecer aos seus mandamentos, e o fazemos com prazer. Não obedecemos para ser salvos, mas porque somos salvos.

3. **Moldamos nossa vida de acordo com a de Cristo**. "*... Nisto sabemos que estamos nele: aquele que*

diz que permanece nele, esse deve também andar assim como ele andou." (1 Jo 2.5,6.) As leis de Deus nos fornecem um padrão moral, mas o desejo de nosso coração é ser como Jesus. Ele opera em nós para tornar-nos cada vez mais semelhantes a ele. E como nosso objetivo também é esse, permitimos que ele faça sua obra em nós.

4. **Tomamos a decisão de amar nosso próximo, até mesmo aquele que não nos é muito agradável**. "*Aquele que diz estar na luz e odeia a seu irmão, até agora, está nas trevas. Aquele que ama a seu irmão permanece na luz, e nele não há nenhum tropeço.*" (1 Jo 2.9,10.) O reino de Deus é caracterizado pelo amor. Seu aspecto mais importante é exatamente amar a Deus. O segundo é amar aqueles que nos cercam, embora algumas pessoas sejam difíceis de se amar. Os cristãos amam porque sabem-se amados por Deus. Quando sentem dificuldade para amar certas pessoas, buscam o auxílio de Deus para superá-la. E isso não significa "sentir amor" por elas, mas praticar atos de amor, ter atitudes e pensamentos de amor para com elas, procurar aproximar-se delas e ajudá-las.

Você tem tido mais amor para com os outros? Se você se decidir a obedecer a esse mandamento o amor de Deus encherá seu coração.

5. **Afastamos o pecado de nossa vida**. "*Todo aquele que é nascido de Deus não vive na prática de pecado; pois o que permanece nele é a divina semente; ora, esse não pode viver pecando, porque é nascido de Deus.*" (1 Jo 3.9.) O cristão rejeita o pecado com todas as suas forças. Ele não tenciona pecar. Por vezes um cristão peca num momento de fraqueza, mas não aprova o erro nem pensa em repeti-lo. João diz o seguinte: "***O que permanece nele é a divina semente***". Jesus ensinou que o bom fruto provém de boa semente, e o mau, de semente má. O cristão possui em si a natureza

de Deus. É verdade que não perdemos a capacidade de pecar, mas não temos mais o desejo de fazê-lo, nem sentimos prazer em práticas pecaminosas. É fato também que não atingimos uma perfeição total, mas, firmados em nossa fé no Senhor, experimentamos a vitória sobre o pecado.

6. **Temos Cristo vivendo em nós**. *"Aquele que crê no Filho de Deus tem, em si, o testemunho. Aquele que não dá crédito a Deus o faz mentiroso, porque não crê no testemunho que Deus dá acerca do seu Filho. E o testemunho é este: que Deus nos deu a vida eterna; e esta vida está no seu Filho. Aquele que tem o Filho tem a vida; aquele que não tem o Filho de Deus não tem a vida."* (1 Jo 5.10-12.) Embora os outros possam até julgar-nos pelo que fazemos ou deixamos de fazer, a verdadeira evidência de que tivemos uma experiência de salvação é o fato de que o Espírito de Cristo habita em nós. O crente é simplesmente uma pessoa em cujo coração Cristo habita. É verdade que sua presença provoca uma mudança em nossas motivações, atitudes e conduta, mas o mais importante é Cristo estar vivendo em nós.

Qual é a sua situação hoje, meu amigo?

A Bíblia afirma: *"... Por boca de duas ou três testemunhas, toda questão será decidida."* (2 Co 13.1.) E diz ainda: *"Examinai-vos a vós mesmos se realmente estais na fé; provai-vos a vós mesmos. Ou não reconheceis que Jesus Cristo está em vós? Se não é que já estais reprovados."* (2 Co 13.5.)

As três testemunhas que confirmam a nossa salvação são:

- a Palavra de Deus;
- o Espírito de Deus;
- uma vida transformada.

O que essas três testemunhas estão-lhe dizendo, amigo?

Você já se arrependeu de seus pecados? Já creu em Cristo, recebeu-o e confessou isso publicamente? O Espírito Santo testifica com seu espírito que você já nasceu de Deus? Percebe que sua vida está mudando e que seus anseios são menos egoístas e mais voltados para fazer a vontade de Deus? Sente prazer em obedecer ao Senhor e em agradá-lo? Está aprendendo a amar? Tudo isso é resultado da operação de Deus em seu coração. Ele está trabalhando em você e continuará a transformá-lo. Isso nos leva a pensar numa pergunta importante.

E quanto ao futuro?

A iniciativa da salvação pertence a Deus. Embora pensemos que buscamos a Deus até encontrá-lo, na verdade, o oposto é que ocorre. Jesus veio ao mundo para ***buscar e salvar-nos***. Não fomos nós que o procuramos; foi ele quem nos achou.

Então apliquemos isso à nossa vida daqui para a frente. Se ele teve a iniciativa de buscar-nos, encontrar-nos, salvar-nos e dar-nos certeza de tudo isso, será que não tomará a iniciativa de guardar-nos, proteger-nos e manter-nos? O fato é que nosso futuro se acha seguro em Cristo porque:

Deus é Fiel

O apóstolo Paulo escreveu o seguinte: *"Fazendo sempre, com alegria, súplicas por todos vós, em todas as minhas orações... Estou plenamente certo de que aquele que começou boa obra em vós há de completá-la até ao Dia de Cristo Jesus.*" (Fp 1.4,6.)

A Bíblia compara nossa vida a uma peça de cerâmica que Deus está modelando. Ele é o oleiro, e nós, o barro. O Senhor está-nos moldando para transformar-nos num vaso belo e útil. No processo, ele encontra impurezas em nós e o vaso se desfaz entre seus dedos. Contudo ele não desiste. Amassa a argila de novo e volta a dar-lhe a forma desejada, até que ela se torne um utensílio útil a seus projetos. Há ocasiões em que quase desistimos de tudo. Deus, porém, nunca desiste.

Paulo afirmou: "*... sei em quem tenho crido e estou certo de que ele é poderoso para guardar o meu depósito até aquele Dia.*" (2 Tm 1.12.) Assim que colocamos nossa vida totalmente nas mãos de Deus, podemos ter certeza de que ele assume a responsabilidade por tudo que nos diz respeito.

E foi também Paulo quem disse: "*Temos, porém, este tesouro em vasos de barro, para que a excelência do poder seja de Deus e não de nós. Em tudo somos atribulados, porém não angustiados; perplexos, porém não desanimados; perseguidos, porém não desamparados; abatidos, porém não destruídos.*" (2 Co 4.7-9)

O apóstolo Pedro, igualmente, enfrentou inúmeras adversidades, mas sabia alegrar-se a despeito delas. "*... sois guardados pelo poder de Deus, mediante a fé, para a salvação preparada para revelar-se no último tempo.*" (1 Pe 1.5.)

Nós também iremos passar por provações, decepções, frustrações e até sofrimentos profundos. Entretanto, mesmo quando estivermos sendo atacados pelo mundo, pela carne e pelo diabo, nossa alma estará protegida pelo poder de Deus. Ele nunca nos abandona. É sempre fiel em nos guardar e defender.

Temos de ser fiéis a ele

Lembremos, no entanto, que o fato de Deus estar atuando em nosso favor não significa que podemos simplesmente nos acomodar e esquecer nossos problemas. O tentador está sempre ao nosso redor. Satanás e seus espíritos malignos vivem tentando passar-nos rasteiras para levar-nos a pecar. Além disso, acusam-nos de erros que não cometemos, insinuam desculpas para os que de fato praticamos e deixam-nos confusos com relação a uns e outros. Portanto nunca devemos desistir da luta, mesmo quando nos sentirmos cansados.

Geralmente a tentação começa com um pensamento, uma imaginação ou um desejo. Em seguida, dirige nossa atenção para esse objeto de desejo, estimula nossa cobiça e nos induz a cometer o erro. Ao ser tentados, devemos lembrar os seguintes fatos:

1. *O que somos*. Somos filhos de Deus... aceitáveis diante dele... novas criaturas... os escolhidos... feitura de Deus... membros da família divina... filhos adotivos do Senhor... justificados pela fé... vivos em Cristo... sacerdócio real... nação santa... perdoados... filhos da luz... filhos do dia... e já experimentamos o novo nascimento. Somos objeto do amor de Deus, remidos pelo sangue de Jesus Cristo e selados pelo Espírito Santo. Somos mais que vencedores por meio daquele que nos amou.

2. *De quem somos*. Não pertencemos a nós mesmos. Fomos comprados por preço. Nosso corpo é o templo do Espírito Santo. Quer vivamos quer morramos, somos do Senhor. E não foi com elementos corruptíveis como prata e ouro que ele nos remiu, mas com o precioso sangue de Cristo. Sendo filhos de Deus, nosso grande anseio e meta de vida deve ser honrar a família a que passamos a pertencer – principalmente o

Pai e seu Filho Jesus Cristo. Maior é aquele que está em nós do que o que está no mundo.

3. **Qual a nossa posição espiritual**. Estamos em Cristo; fomos crucificados, sepultados, ressuscitados e nos achamos assentados com ele nos lugares celestes. Achávamo-nos distanciados de Deus... mas pelo sangue de Cristo agora fomos aproximados dele... temos acesso ao Pai. As Escrituras nos exortam nos seguintes termos: "*Assim também vós considerai-vos mortos para o pecado, mas vivos para Deus, em Cristo Jesus. Não reine, portanto, o pecado em vosso corpo mortal, de maneira que obedeçais às suas paixões; nem ofereçais cada um os membros do seu corpo ao pecado, como instrumentos de iniqüidade; mas oferecei-vos a Deus... Porque o pecado não terá domínio sobre vós; pois não estais debaixo da lei e sim da graça.*" (Rm 6.11-14.)

4. **Quem é nosso tentador**. "*Ninguém, ao ser tentado, diga: Sou tentado por Deus; porque Deus não pode ser tentado pelo mal e ele mesmo a ninguém tenta. Ao contrário, cada um é tentado pela sua própria cobiça, quando esta o atrai e seduz. Então, a cobiça, depois de haver concebido, dá à luz o pecado; e o pecado, uma vez consumado, gera a morte.*" (Tg 1.13-15.)

A tentação segue sempre um mesmo processo. Primeiro, algo nos atrai; depois ficamos fascinados por ele; em seguida desejamo-lo; procuramos racionalizar o erro e, por fim, o praticamos. A tentação em si não é pecado, mas, se não estivermos atentos, ela nos conduzirá a ele. Embora Deus permita que nos sobrevenham tentações (no objetivo de dar validade à nossa capacidade de decidir livremente e nos fortalecer para o futuro), não podemos culpá-lo por elas. Deus nunca tenta ninguém. Nunca deseja que pequemos. Pelo contrário, ele até submete as tentações a um crivo para que não sejamos tentados além de nossa capacidade. Ademais, oferece-nos um meio de escape para que possamos resistir ao tentador. "*Não vos sobreveio tentação que não fosse humana; mas Deus é fiel e não permitirá que sejais tentados além das vossas forças; pelo contrário, juntamente com a tentação, vos proverá livramento, de sorte que a possais suportar.*" (1 Co 10.13.)

A tentação não é necessariamente um elemento negativo. Precisamos aprender a vê-la pela perspectiva de Deus. Ele quer que, por meio dela, isto é, enfrentando-a e resistindo a ela, nos tornemos fortes. No "Pai Nosso", Jesus ensinou-nos a seguinte petição: "*... não nos deixes cair em tentação; mas livra-nos do mal...*" (Mt 6.13.) E se lhe permitirmos, ele atenderá a ela.

5. ***Como devemos agir ao ser tentados***. Primeiro precisamos estar espiritualmente bem preparados. Para nos fortalecer, temos de ler diariamente a Palavra de Deus e meditar nela, bem como buscar a comunhão com o Senhor todos os dias. Quando Jesus foi tentado, disse: "*... Não só de pão viverá o homem, mas de toda palavra que procede da boca de Deus.*" (Mt 4.4.) E mais tarde ele afirmou: "*Vigiai e orai, para que não entreis em tentação; o espírito, na verdade, está pronto, mas a carne é fraca.*" (Mt 26.41.)

Segundo, devemos evitar pessoas, lugares, práticas, programas e publicações que possam levar-nos a pecar.

"*Fugi da impureza!*" (1 Co 6.18.)

"*... fugi da idolatria.*" (1 Co 10.14.)

"*Porque o amor do dinheiro é raiz de todos os males... Tu, porém, ó homem de Deus, foge destas cousas...*" (1 Tm 6.10,11.)

"*Foge, outrossim, das paixões da mocidade.*" (2 Tm 2.22a.)

Terceiro, precisamos aprender a resistir a Satanás e a seus espíritos malignos. Sempre que nos sentirmos inspirados a praticar algo que Deus proíbe, podemos resistir ao diabo dizendo:

"Não! Sou filho de Deus! Em nome de Jesus eu lhe resisto, Satanás! Na força que vem do Senhor, recuso-me a abrigar esses pensamentos, a dizer essas palavras ou a fazer isso."

A Bíblia ensina: *"Sujeitai-vos, portanto, a Deus; mas resisti ao diabo, e ele fugirá de vós."* (Tg 4.7.)

Quarto, conversemos sobre nossas tentações com um crente maduro. Precisamos aprender a prestar contas de nossos atos uns aos outros, abrir o coração para irmãos que estejam no mesmo espírito que nós, reconhecendo que precisamos fortalecer-nos mutuamente em oração. Deus quer que tenhamos companheiros de fé que possam auxiliar-nos. Nossa força vem de Deus, mas às vezes ela nos chega por intermédio de um amigo crente. Podemos unir-nos a outros para permanecermos fiéis ao Senhor.

E se cairmos?

A Bíblia diz que vamos enfrentar duras provações e tentações. Jesus até afirmou que alguns iriam tropeçar e cair, mas disse também que muitos permaneceriam fiéis até o fim.

"Sereis odiados de todos por causa do meu nome; aquele, porém, que perseverar até ao fim, esse será salvo." (Mt 10.22.)

"E, por se multiplicar a iniquidade, o amor se esfriará de quase todos. Aquele, porém, que perseverar até o fim, esse será salvo." (Mt 24.12,13.)

Nenhum de nós está livre de sofrer uma queda. Contudo, se tropeçarmos e cairmos, devemos levantar logo e não deixar que uma falha momentânea se prolongue desnecessariamente. Lembremos os textos seguintes:

"Filhinhos meus, estas cousas vos escrevo para que não pequeis. Se, todavia, alguém pecar, temos Advogado junto ao Pai, Jesus Cristo, o Justo." (1 Jo 2.1.)

*"Se confessarmos os nossos pecados, ele é fiel e

justo para nos perdoar os pecados e nos purificar de toda injustiça." (1 Jo 1.9.)

Alguns crentes sentem-se tão desalentados quando cometem um erro, que deixam o tempo ir passando e interrompem sua comunhão com Deus. Em certos casos, até param de freqüentar a igreja e de ler a Bíblia. Daí a pouco, acham-se espiritualmente enfraquecidos. Então enfrentam um doloroso processo corretivo em que Deus procura restaurá-los.

1. Interrompem sua comunhão com Deus.
2. Perdem a alegria do Senhor.
3. Suas orações não são atendidas.
4. Sua vida torna-se inútil na obra do Senhor.
5. Tornam-se alvo dos ataques de Satanás.
6. Recebem a correção do Senhor.
7. Deus talvez os submeta a uma disciplina severa.
8. E podem até perder a vida.

Será que encontrarão o caminho de volta? É difícil responder. Essa questão continua sendo muito debatida, e meu interesse aqui não é reabrir a discussão. O que desejo afirmar é que em Cristo gozamos de maravilhosa segurança. Ninguém poderá arrancar-nos das mãos dele. No pecado, porém, não há segurança. É muito perigoso brincar com o pecado. Nesses casos, não podemos dizer com certeza quem é salvo e quem não o é. Somente Deus pode fazer esse tipo de declaração. Contudo uma coisa sabemos: onde quer que estivermos, o Salvador sempre irá procurar-nos com a terna compaixão que ele bem exemplificou na conhecida parábola da ovelha perdida.

"Qual, dentre vós, é o homem que, possuindo cem ovelhas e perdendo uma delas, não deixa no deserto as noventa e nove e vai em busca da que se perdeu, até encontrá-la? Achando-a, põe-na sobre os ombros, cheio de júbilo. E, indo para casa, reúne os amigos e vizinhos, dizendo-lhes: Alegrai-vos comigo, porque já

achei a minha ovelha perdida. Digo-vos que, assim, haverá maior júbilo no céu por um pecador que se arrepende do que por noventa e nove justos que não necessitam de arrependimento." (Lc 15.4-7)

A compaixão demonstrada por esse pastor que foi em busca da ovelha é a mesma que Jesus tem para conosco, onde quer que estejamos. Por piores que sejam os pecados que cometemos, ele nos ama. Por mais que caiamos, ele nunca nos abandonará. Jesus veio ao mundo para buscar e salvar o perdido. A questão é: que atitude nós – eu e você – teremos diante de um amor assim?